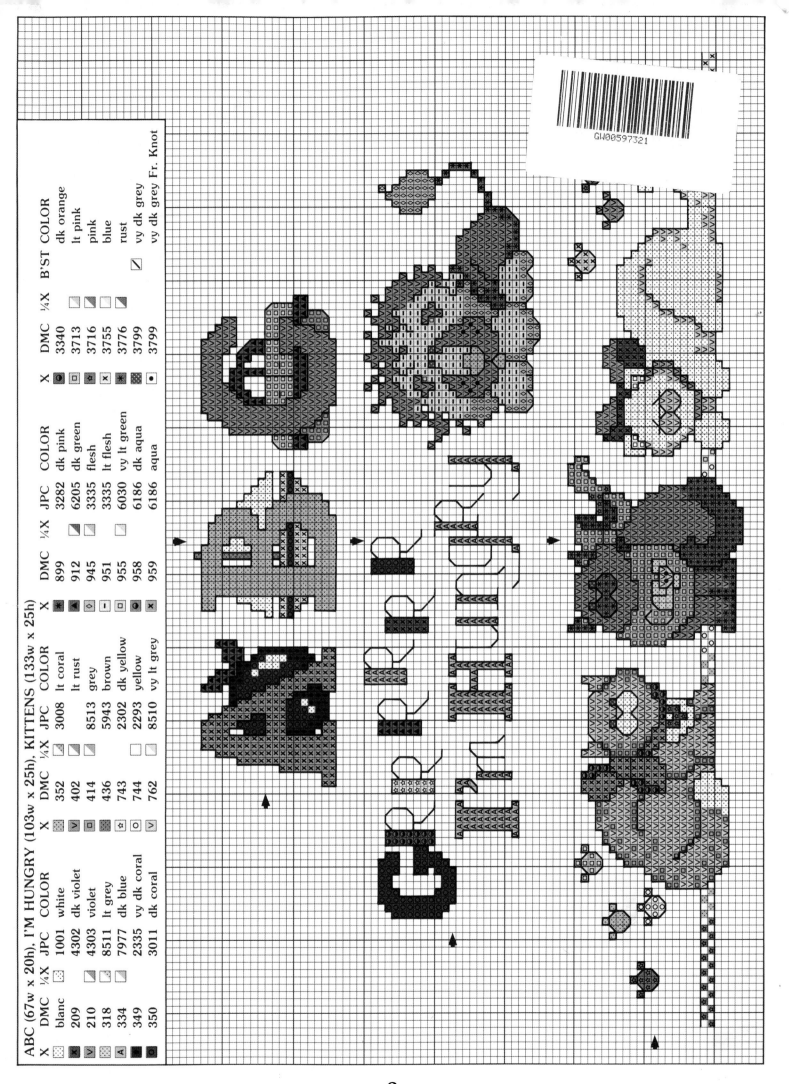

ABC (67w x 20h), I'M HUNGRY (103w x 25h), KITTENS (133w x 25h)

X	DMC	¼X	JPC	COLOR	X	DMC	¼X	JPC	COLOR	X	DMC	¼X	JPC	COLOR
	blanc		1001	white		352		3008	lt coral		899		3282	dk pink
	209		4302	dk violet		402			lt rust		912		6205	dk green
	210		4303	violet		414		8513	grey		945		3335	flesh
	318		8511	lt grey		436		5943	brown		951		3335	lt flesh
	334		7977	dk blue		743		2302	dk yellow		955		6030	vy lt green
	349		2335	vy dk coral		744		2293	yellow		958		6186	dk aqua
	350		3011	dk coral		762		8510	vy lt grey		959		6186	aqua

X	DMC	¼X	B'ST	COLOR
	3340			dk orange
	3713			lt pink
	3716			pink
	3755			blue
	3776			rust
	3799			vy dk grey
	3799			vy dk grey Fr. Knot

BEARS (126w x 25h), HAPPY BIRTHDAY (129w x 26h), HEART STRING (128w x 22h)

X	DMC	¼X	JPC	COLOR		X	DMC	¼X	JPC	COLOR		X	DMC	¼X	JPC	COLOR		X	DMC	¼X	B'ST	COLOR
	blanc		1001	white			351		3011	coral			744		2293	yellow			3340			dk orange
	209		4302	dk violet			352		3008	lt coral			762		8510	vy lt grey			3341			orange
	210		4303	violet			434		5000	vy dk brown			899		3282	dk pink			3713			lt pink
	318		8511	lt grey			435		5371	dk brown			912		6205	dk green			3716			pink
	334		7977	dk blue			436		5943	brown			954		6020	lt green			3755			blue
	349		2335	vy dk coral			738		5375	vy lt brown			958		6186	dk aqua			3799			vy dk grey
	350		3011	dk coral			743		2302	dk yellow			959		6186	aqua						

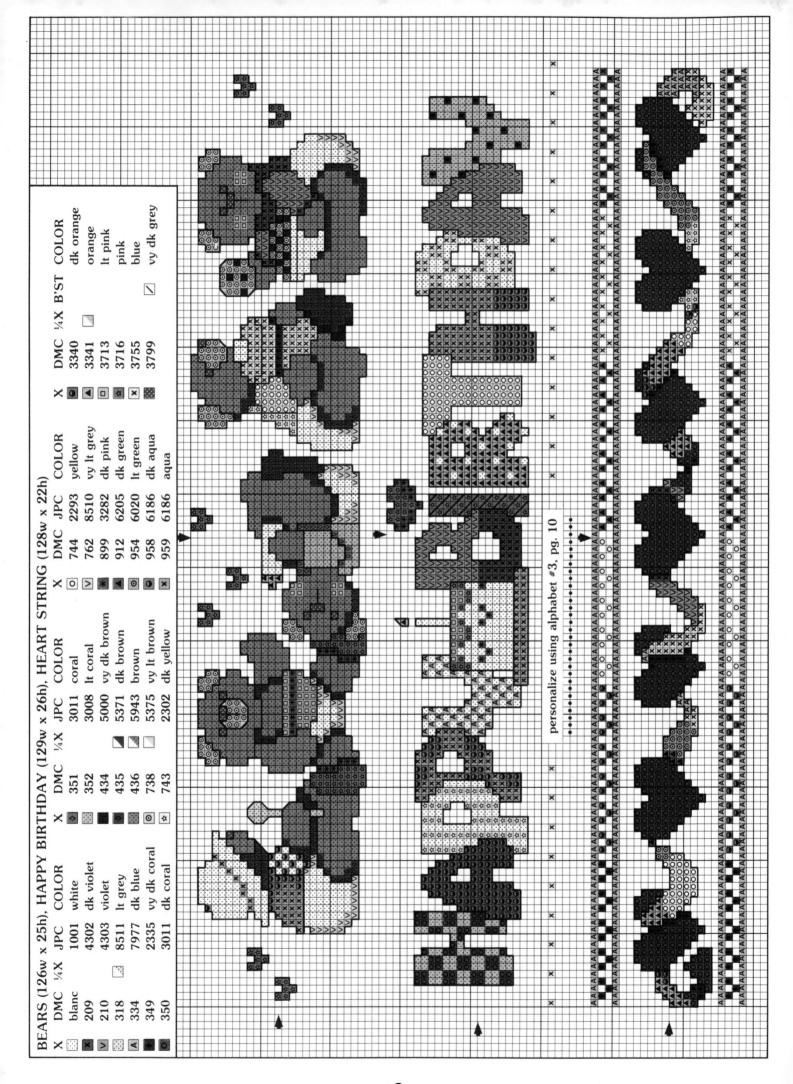

personalize using alphabet #3, pg. 10

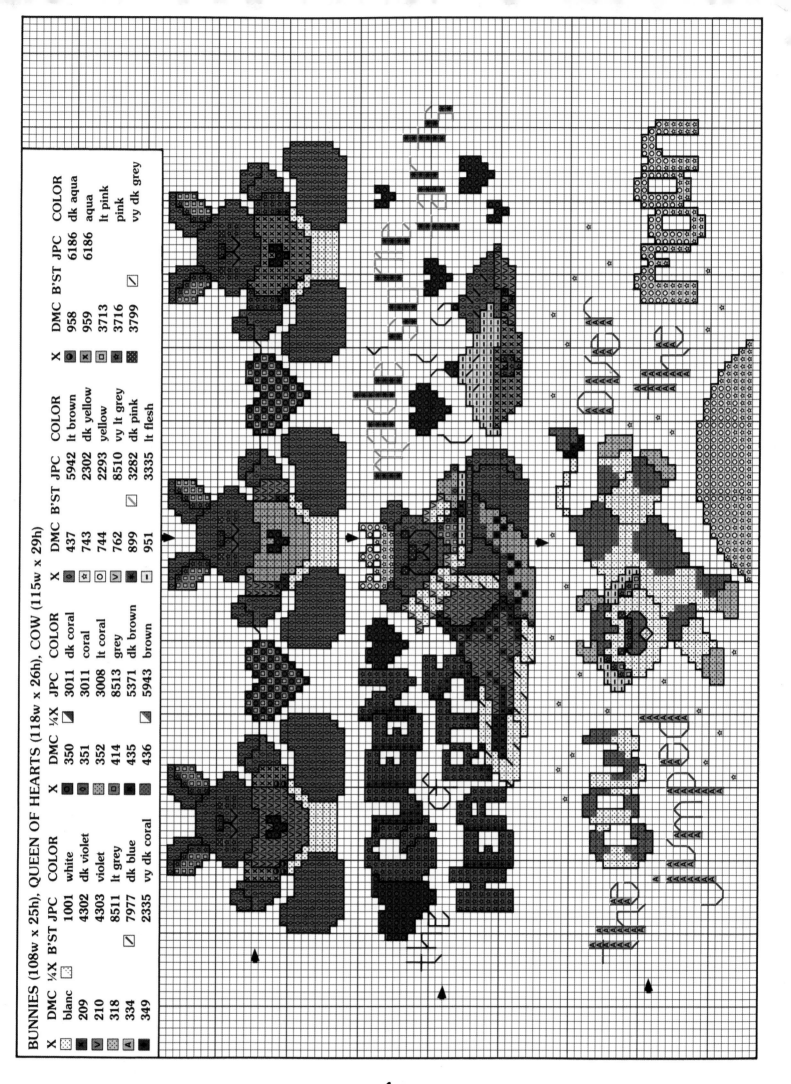

BUNNIES (108w x 25h), QUEEN OF HEARTS (118w x 26h), COW (115w x 29h)

X	¼X	B'ST	DMC	JPC	COLOR
			blanc	1001	white
			209	4302	dk violet
			210	4303	violet
			318	8511	lt grey
			334	7977	dk blue
			349	2335	vy dk coral

X	¼X	B'ST	DMC	JPC	COLOR
			350	3011	dk coral
			351	3011	coral
			352	3008	lt coral
			414	8513	grey
			435	5371	dk brown
			436	5943	brown

X	B'ST	JPC	DMC	COLOR
			437	5942	lt brown
			743	2302	dk yellow
			744	2293	yellow
			762	8510	vy lt grey
			899	3282	dk pink
			951	3335	lt flesh

X	B'ST	JPC	DMC	COLOR
			958	6186	dk aqua
			959	6186	aqua
			3713		lt pink
			3716		pink
			3799		vy dk grey

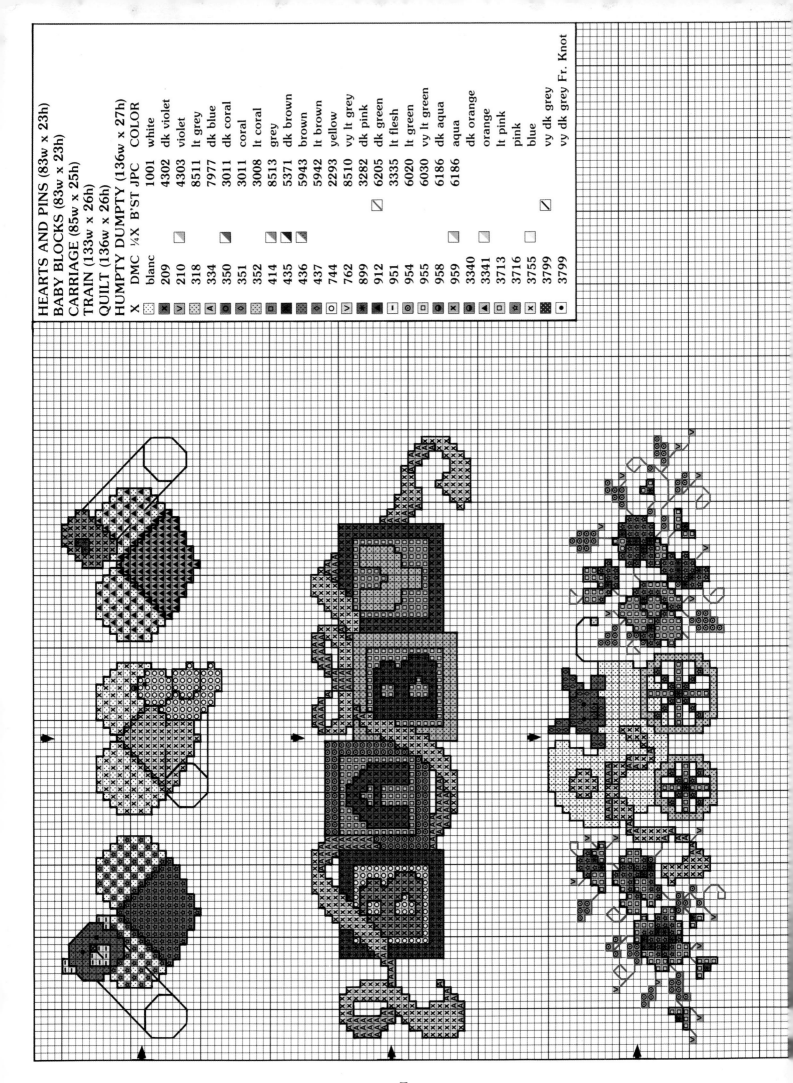

HEARTS AND PINS (83w x 23h)
BABY BLOCKS (83w x 23h)
CARRIAGE (85w x 25h)
TRAIN (133w x 26h)
QUILT (136w x 26h)
HUMPTY DUMPTY (136w x 27h)

X	DMC	¼X	B'ST	JPC	COLOR
	blanc			1001	white
	209			4302	dk violet
	210			4303	violet
	318			8511	lt grey
	334			7977	dk blue
	350			3011	dk coral
	351			3011	coral
	352			3008	lt coral
	414			8513	grey
	435			5371	dk brown
	436			5943	brown
	437			5942	lt brown
	744			2293	yellow
	762			8510	vy lt grey
	899			3282	dk pink
	912			6205	dk green
	951			3335	lt flesh
	954			6020	lt green
	955			6030	vy lt green
	958			6186	dk aqua
	959			6186	aqua
	3340				dk orange
	3341				orange
	3713				lt pink
	3716				pink
	3755				blue
	3799				vy dk grey
	3799				vy dk grey Fr. Knot

5

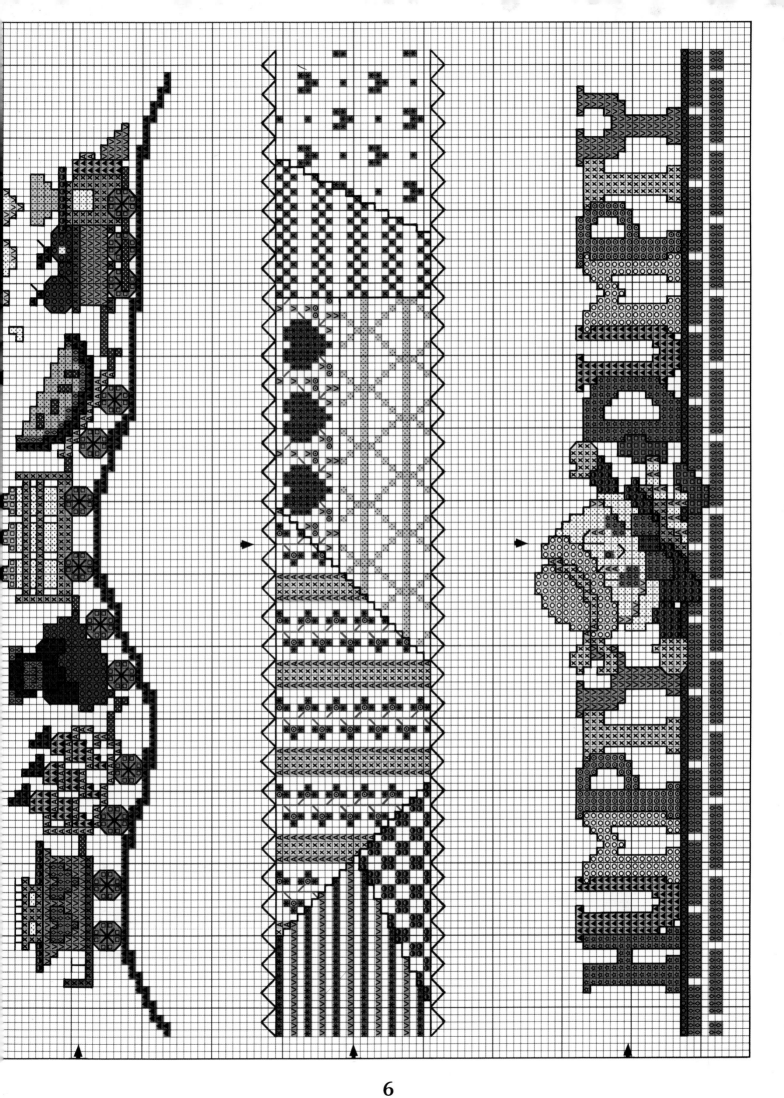

CLOWNS (116w x 25h), MARY AND LAMBS (122w x 28h), FLOWERS AND BUTTERFLIES (123w x 26h)

X	DMC	¼X	B'ST	JPC	COLOR
	blanc			1001	white
	209			4302	dk violet
	210			4303	violet
	318			8511	lt grey
	334			7977	dk blue
	350			3011	dk coral
	352			3008	lt coral

X	DMC	¼X	JPC	COLOR
	413		8514	dk grey
	414		8513	grey
	435		5371	dk brown
	436		5943	brown
	437		5942	lt brown
	899		3282	dk pink
	912		6205	dk green

X	DMC	¼X	B'ST	JPC	COLOR
	913			6225	green
	951			3335	lt flesh
	954			6020	lt green
	958			6186	dk aqua
	959			6186	aqua
	3340				dk orange
	3341				orange

X	DMC	¼X	B'ST	COLOR
	3713			lt pink
	3716			pink
	3755			blue
	3799			vy dk grey
	3799			vy dk grey Fr. Knot

personalize using alphabet #2, pg. 10

personalize using alphabet #2, pg. 10

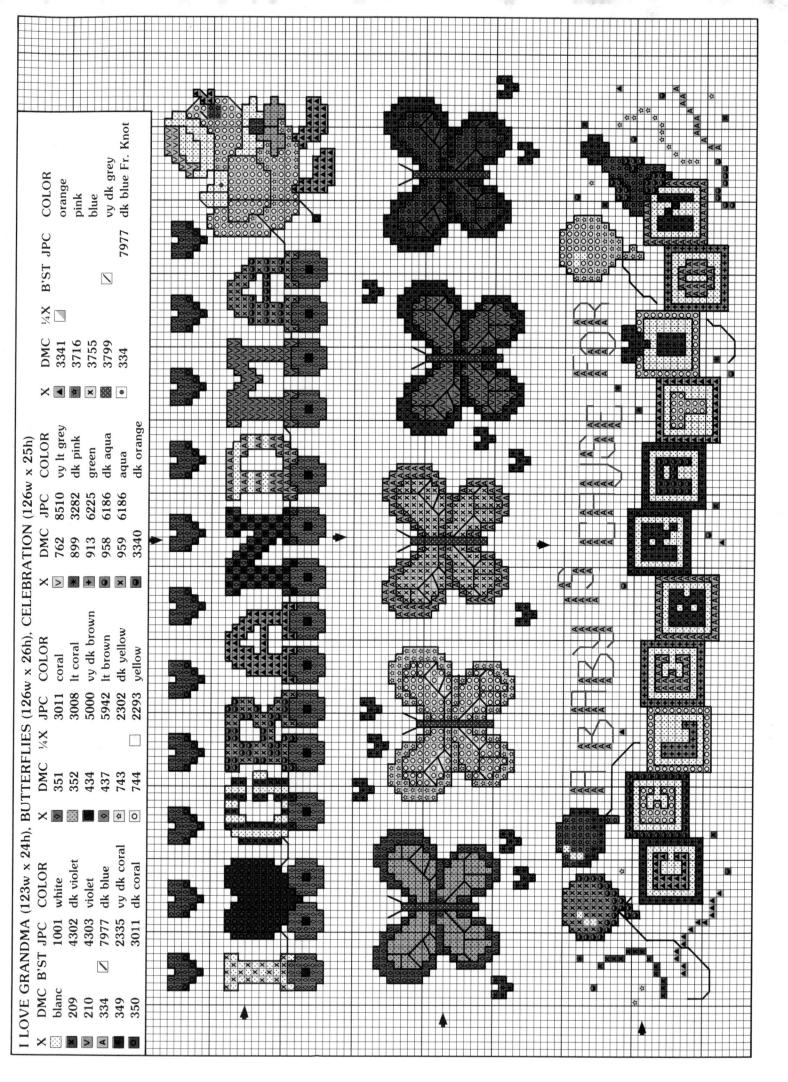

I LOVE GRANDMA (123w x 24h), BUTTERFLIES (126w x 26h), CELEBRATION (126w x 25h)

X	DMC	B'ST	JPC	COLOR
	blanc		1001	white
	209		4302	dk violet
	210		4303	violet
	334		7977	dk blue
	349		2335	vy dk coral
	350		3011	dk coral

X	DMC	¼X	JPC	COLOR
	351		3011	coral
	352		3008	lt coral
	434		5000	vy dk brown
	437		5942	lt brown
	743		2302	dk yellow
	744		2293	yellow

X	DMC	JPC	COLOR
	762	8510	vy lt grey
	899	3282	dk pink
	913	6225	green
	958	6186	dk aqua
	959	6186	aqua
	3340		dk orange

X	DMC	¼X	B'ST	JPC	COLOR
	3341				orange
	3716				pink
	3755				blue
	3799				vy dk grey
	334			7977	dk blue Fr. Knot

8

TRUCK (99w x 15h), I LOVE VEGGIES (104w x 24h), TOYS (104w x 25h)

X	DMC	¼X	JPC	COLOR	X	DMC	¼X	JPC	COLOR	X	DMC	¼X	JPC	COLOR	X	DMC	B'ST	COLOR
	blanc		1001	white		352		3008	lt coral		744		2293	yellow		3340		dk orange
	209		4302	dk violet		413		8514	dk grey		762		8510	vy lt grey		3341		orange
	210		4303	violet		414		8513	grey		899		3282	dk pink		3716		pink
	318		8511	lt grey		434		5000	vy dk brown		913		6225	green		3755		blue
	334		7977	dk blue		435		5371	dk brown		951		3335	lt flesh		3799		vy dk grey
	349		2335	vy dk coral		436		5943	brown		955		6030	vy lt green				
	350		3011	dk coral		437		5942	lt brown		958		6186	dk aqua				
	351		3011	coral		743		2302	dk yellow		959		6186	aqua				

personalize using alphabet #1, pg. 10

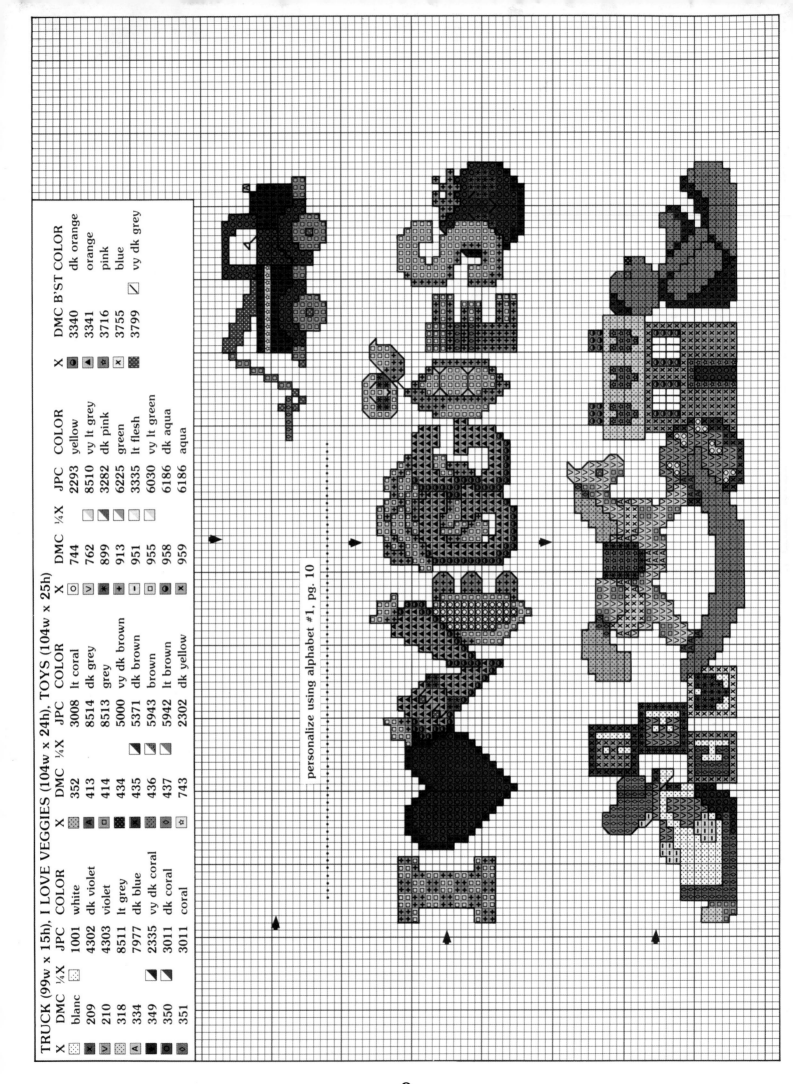